दिल की आवाज

अल्फ़ाज़-ए-प्रीति

प्रीति शर्मा

मैं अपनी यह किताब अपने भोले बाबा को समर्पित करती हूँ।
उन्हीं के आशीर्वाद और साथ के कारण मैं इसे लिख पायी और
उन्हीं के कारण मेरी पहली किताब छपने जा रही है।

क्रम-सूची

क्रम-सूची

प्रस्तावना

"दिल की आवाज" एक कविता संग्रह है। इसमें सभी तरह की हिंदी कविताओं का संग्रह मिलेगा। इस किताब में बचपन से लेकर देश के लिए लड़ने तक अनेकों कविताएँ है। इस कविता संग्रह में बचपन की यादों को, देश के वीरों की भावनाओं को और प्रेम रस में डूबी कविताओं का भी वर्णन मिलेगा। जैसे हर कार्य की शुरुआत भगवान के नाम से करनी चाहिए। वैसे मैनें भी इस किताब की शुरुआत भगवान पर लिखी एक कविता से ही की है। मुझे उम्मीद है आपको पसंद आयेगी। इस किताब में " भोलेनाथ, बचपन, मेरे प्रभु श्याम एवम बहुत -सी प्रोत्साहित करने वाली कविताएँ है जैसे - " चल चला चल, मेरे सपने, लकीर आदि। इसमें लड़कियों की व्यथा को दर्शाती कुछ कविताएँ है जैसे - " मैं लड़की हूँ, एक परिंदा, नारी बड़ी सशक्त है इत्यादि। कुछ प्रेम रस एवम विरह रस को दर्शाती कविताएँ जैसे - " मान जा ऐ दिल मेरे, कह तो दिया होता, इंतज़ार बेहिसाब-सा, जिंदगी - " एक खूबसूरत अहसास " इत्यादि है। इसमें सरहद जैसे देशभक्ति को जगाने वाली कविता भी पढ़ने को मिलेगी। इस किताब में मैंने अपनी सभी कविताओं के बहुत दिल से लिखा है। मुझे उम्मीद आप इसे अपने दिल से जोड़ पाएंगे और इस किताब अपना प्यार और सराहना देंगे।

भूमिका

"दिल की आवाज" एक कविता संग्रह है। इसमें सभी तरह की हिंदी कविताओं का संग्रह मिलेगा। इस किताब में बचपन से लेकर देश के लिए लड़ने तक अनेकों कविताएँ है। सबसे पहले मैं ईश्वर को नमन करते हुए धन्यवाद करना चाहती हूँ कि उन्होनें मुझे मेरे लेखन से जुड़े रहने की प्रेरणा दी। इस किताब के लिए मैं उन सभी को धन्यवाद करना चाहती हूँ जिनके कारण मेरा ये स्वप्न पूरा होने जा रहा है। उन सभी को तह-दिल से धन्यवाद।

पावती (स्वीकृति)

सबसे पहले मैं ईश्वर को नमन करते हुए धन्यवाद करना चाहती हूँ कि उन्होनें मुझे मेरे लेखन से जुड़े रहने की प्रेरणा दी। मैं अपनी माता श्रीमती संतोष शर्मा एवम पिता श्री हेमंत कुमार शर्मा का भी आभार व्यक्त करना चाहती हूँ कि उन्होनें हमेशा मुझे मेरे लेखन के लिए प्रोत्साहित किया। उनके आशीर्वाद से ही मेरी लेखनी को इस किताब के माध्यम से पहचान मिलने जा रही है। मैं अपने छोटे भाई एवम सखा आशीष कुमार जी को भी धन्यवाद कहना चाहूँगी जिसके कारण यह किताब अस्तित्व में आ रही है। जिसने किताब के कवर से लेकर इसके छपने तक में महत्वपूर्ण भूमिका निभाई और हर रूप में मेरी मदद की।उसी के कारण मेरा यह स्वप्न आज पूरा होने जा रहा है। मैं अपनी सखी मिस अश्रिया यादव को भी धन्यवाद करना चाहती हूँ, जिसने मेरी बुक को पूरा करने में आखिरी सहायता प्रदान की। मैं अन्य सभी लोगों को भी धन्यवाद व्यक्त करना चाहूँगी जिन्होंने मेरी यह किताब लिखने में प्रत्यक्ष या अप्रत्यक्ष रूप से मदद की और जिन्होंने अपने प्रोत्साहन से मेरा हौसला बढ़ाया। उन सभी को दिल से धन्यवाद जिन्होंने अपने विचारों से मेरी रचना का सम्मान बढ़ाया।

1. भोलेनाथ

पर्वतों पर बैठा है तू, जाने ना मेरा हाल है क्या
देख ले बाबा आकर पहले, बालक तेरा बेहाल है क्या
छोड़ दी माया, त्यागा सब कुछ फिर भी आया काल है
क्या
देख ले बाबा आकर पहले, बालक तेरा बेहाल है क्या
रोक रहा हूँ आंसू कब से फिर भी बहते जाते है
हाल मेरा क्या बोलू ना मैं फिर भी ये कहते जाते है
गंगा जी का पानी जैसे बहता है चाहे साल हो क्या
देख ले बाबा आकर पहले, बालक तेरा बेहाल है क्या
रोक सकूँ ना खुद को अब तो, तेरे आगे कहने से
बाबा मेरी जान निकलती अब तेरे चुप रहने से
आँसू की जो नदी बनी है, पूछो ना कोई ताल है क्या
देख ले बाबा आकर पहले, बालक तेरा बेहाल है क्या
पर्वतों पर बैठा है तू, जाने ना मेरा हाल है क्या
देख ले बाबा आकर पहले, बालक तेरा बेहाल है क्या
काट रहा हूँ जीवन कैसे, ये तो तू भी जाने है
जीने में ये जीना कैसा ये तो तू भी माने है
दौड़ रहा हूँ, भाग रहा हूँ, दुनिया की इस भीड़ में
फिर भी ना पहचान मिले है, मुझको मेरी पीर में
तू तो जाने पीर मेरी फिर बैठा क्यूँ चुपचाप वहाँ
माँग रहा हूँ कब से तुझसे, दे दे मुझे मेरा जहाँ
खड़ा है मेरे आगे डट के, बोल तू कोई ढाल है क्या

देख ले बाबा आकर पहले, बालक तेरा बेहाल है क्या
पर्वतों पर बैठा है तू, जाने ना मेरा हाल है क्या
देख ले बाबा आकर पहले, बालक तेरा बेहाल है क्या

2. मेरे प्रभु श्याम

राधा कृष्ण के नाम से
मीरा जिये हरि नाम
गौरा जिये शिव नाम से
मैं जीयु तेरे नाम
राधा विरह विष पी रही
मीरा करे विष पान
गौरा स्तुति कर रही
मैं लेउ तेरा नाम
प्रेम की आंधी चल पड़ी
हुआ है सब कुछ ढेर
हाथ जोड़ तेरे सामने
खड़ी मैं छोड़ सब डेरे
गंगा जमुना बह चली
बहा है अश्रु नीर
तू जाने बस, जाने कौन
मेरे मन की पीर।
नाम तेरा रटती चलूं
सुबह से लेकर शाम
रोम - रोम में बस रहे
है मेरे प्रभु श्याम

3. मैं लड़की हूँ

मैं लड़की हूँ ये कह- कह कर ये दुनिया मुझे बताती है

क्या सही है क्या गलत है ये दुनिया मुझे समझाती है

ये कपड़े मत पहनना, दुनिया वाले क्या सोचेंगे

मेरी माँ भी ये कह - कह कर कभी कभी मुझे डराती है

ना जाना ज्यादा बाहर कहीं, दुनिया वाले चिढ़ जायेंगे

फिर तेरी शिकायत ले - ले कर, वो रोज अपने घर आयेंगे

कभी कभी ये बाबुल भी बोले, ना लड़को से ज्यादा बतियाना

दोस्त नहीं कुछ होता है, ना उनको अपने घर लाना

गर मदद भी कर दे लड़का तो, ये भी तो बात गलत ही है

तुम मुस्कुरा कर धन्यवाद कहो, तो भी बात गलत ही है

लेना मदद किसी लड़की से, चाहे कितना ही इंतज़ार करो

ना खुद को कभी याद रखो, ना खुद को कभी प्यार करो

तुम लड़की हो ये याद रखो, तुम लड़की हो ये याद रखो

जब रिश्ता हो जाए कहीं, तो सोच समझ कर बोलना

चाहे वो बोले कुछ भी, तुम अपना मुँह ना खोलना

देखो बेटी, तेरी इज़्ज़त से अब तो मेरी सांस चले

ना करना कुछ भी ऐसा तुम, जिससे कभी मेरा नाम ढले

बदनामी ना करवा देना, माँ - बाप हाथ जोड़ कहें

मैं चुप रहूँ, कुछ ना कहूँ, पर आँसू मेरे सब कहे

हाँ, लड़की हूँ मैं जानू हूँ, जीने का क्या मुझे हक नहीं

सब कुछ मुझको समझाते हो, बेटों पर क्या तुम्हें शक नहीं

तुम लड़की हो ये याद रखो, तुम लड़की हो ये याद रखो
ये कह - कह कर मुझे रुलाते हो
मुझको कैसा लगता होगा पर ये आप भूल जाते हो
मेरी आँखों के आँसूं भी, झूठे ही तुमको है लगे
हाँ लड़की हूँ, ये जानू मैं, पर दिल पर चोट मुझे भी लगे
मैं काम बड़ा कुछ कर दिख लाऊ, एक बार मुझपे विश्वास
करो

मैं नाम तुम्हारा ऊँचा करू, एक बार मुझे मौका तो दोपर
शायद मुझ पर विश्वास नहीं, तुमको मुझसे कोई आस नहीं
तुम लड़की हो ये याद रखो, तुम लड़की हो ये याद रखो
दो शब्दों की इस लाइन के अलावा कुछ उनके पास नहीं
लड़की की शादी करनी है, मेरे पास है अब पैसे नहीं
होटल ढूंढो, रेस्तरां ढूंढो, फिर भी कहो मेरे पास पैसे नहीं
बढ़िया शादी और दहेज ससुराल वालों को दिखाते हो
फिर मार दे गर वो बेटी को, तो रो रो कर बतलाते हो
अब क्यों करो पश्चताप भी तुम, जब पहले ही समझ नहीं
पाए
जब जा चुकी तो छोड़ो ना, ये दुनियाँ ना अब कुछ कह
पाए

4. मान जा ऐ दिल मेरे

मान जा ऐं मेरे दिल
क्यों विश्वास उन पर कर रहा
जो छोड़ कर थे जा चुके
क्यों प्यार उनसे कर रहा
मौके है तूने कई दिये
तब तो उन्हें एहसास ना था
फिर अब क्यूँ लौट आए वो
जब जरूरत में कोई पास न था
चल चले अब दूर उन रिश्तों
से विदा माँग कर

ना आएंगे अब लौट कर
दिल से कभी यूँ हार कर
तू भूल जा ऐं दिल मेरे
वो नाम ना तेरे किसी काम का
हैं बस सदा मतलब का ही
और बेरंगी शाम का
अच्छा है तू दूर ही रहे
पलकों के आँसू सम्भाल कर
चाहे तो रोले अकेले में
अपने ये दर्द सम्भाल कर
जीना शुरू कर खुद के लिए
ना कोई अब तुझे रोकता

हैं जिंदगी तेरी, तू जी
ना कोई तुझको टोकता
तू चुप रह खामोशी में भी
बात लाखों कह रहा
मान जा जरा ऐं दिल मेरे
क्यों विश्वास उन पर कर रहा
जो जा चुके थे छोड़के
क्यों प्यार उनसे कर रहा

5. छोड़ ना देना साथ प्रभु

दुनिया की इस भीड़ में मैं खड़ा अकेला रहता हूँ।

फिर भी हाथ पकड़ के उसका बार बार ये कहता हूँ।

छोड़ ना देना साथ प्रभु तू, चाहे जान निकल जाए।

थाम लेना हाथ प्रभु तू, जब भी याद तेरी आए।

रक्षा कवच ना रक्षा सूत्र ना कोई रक्षा मंत्र कहे।

जिसके सिर पर हाथ तेरा हो, उसका रक्षक तू ही रे।

तूने अगर जो थामा मुझे तो फिर किस बात से डरना।

तेरे चरणों में जीना और तेरे चरणों में ही मरना।

रख दे सर पे हाथ मेरे तू कोई विपदा आए ना

तू रहे बस पास मेरे, तू दूर कहीं भी जाए ना

तू ही मेरा सच्चा साथी, किसी और से मुझको प्यार नहीं

जब से पाया हैं तुमको मुझे और कोई दरकार नहीं

मांगा मैनें तुझसे जो भी तूने सब कुछ दे डाला

पीता जाऊ नाम तेरा ले, मैं तो जीवन विष प्याला

6. लकीर

लकीर बनाई नहीं गयी
तकदीर सवारी नहीं गयी
समय हाथ से निकल गया
ज़िंदगी संभाली नहीं गयी
हमेशा तो सबने दूर किया खुद से
पर करीब पाया उन्हें तो
ये खुशी संभाली नहीं गयी
ज़िंदगी जाने का डर तो
कभी था ही नहीं
पर अपनों से दूर जाने की हिम्मत जुटाई नहीं गयी
रोकते थे मुझको
जमाने वाले आगे बढ़ने से
पर मंजिल पायी तो
ये खुशी संभाली नहीं गयी
देखा सबको आजमाके
हमने भी दिल लगाके
पर टूटा जब दिल तो ये
चोट संभाली नहीं गयी

7. मेरे सपने

सपने जो मैनें देखें हैं
पूरा होना क्या धोखा हैं
अभी जिंदा हूँ, मैं कहता हूँ
मेरे पास अभी एक मौका हैं
दौलत भी ना
शोहरत भी ना
बस प्यार भरा झरोखा हैं
अभी जिंदा हूँ मैं कहता हूँ
मेरे पास अभी एक मौका हैं
ना मन्नत मांगू
ना जन्नत मांगू
कर्मों का लेखा - जोखा हैं
अभी जिंदा हूँ मैं कहता हूँ
मेरे पास अभी एक मौका हैं
मेहनत में थोड़ा धैर्य मिला
जाने खुद को क्यों रोका हैं
अभी जिंदा हूँ मैं कहता हूँ
मेरे पास अभी एक मौका हैं

8. गम में मुस्कुराहट

लोगों को देखा हैं, गम को छिपाते

दर्द में भी हँसते - मुस्कुराते

खुद को किसी काम में लगाते

अपनों पर कई खुशियाँ लुटाते

कभी देखा हैं उन्हें आँसू बहाते

पर उन आँसू को अपनों से छिपाते

ये हुनर लोगों से हमने भी सीखा हैं

पर शायद असर अब भी फीका हैं

लेकिन कोशिश मेरी अब भी जारी हैं

अब तो अपनों से दूर जाने की तैयारी हैं

जिंदगी में कुछ कर दिखाने की मेरी बारी हैं

मुस्कुराते रहे वो हमेशा इसीलिए

मुस्कुराहट दिखाने की अब अपनी बारी हैं

दर्द छुपाने का क्या खूब तरीका हैं

हाँ ये हुनर लोगों से मैनें भी सीखा हैं

मेरे दर्द को जानना,

इतना भी आसान नहीं होगा

समझके मेरे दिल को देखे, तो देखोगे

मेरे दिल में प्यार सभी का हैं

हाँ ये हुनर लोगों से मैनें भी सीखा हैं

9. चल चला चल

चल चला चल चल चला चल, सामने तेरे मंज़िल खड़ी।
तेरा है मकसद जीतना कोई नहीं मुश्किल खड़ी।
तू याद रख, के फिर ना ये मौका वापस आयेगा।
जो आया है तेरे हाथ में, वो हाथ से चला जायेगा।
पर अगर तू दृढ़ है तो भूलना ना बात ये।
जिस राह पर तू चल पड़ा वो ही अब तेरे साथ रे।
ना हारना अब आखिरी ये वक़्त की फुंकार है।
है जीतना अब जीतना हाँ मुझको इस बार है।
चाहे आये कोई तूफान, चाहे मैं मिट्टी में मिलू।
चाहे कोई रोके मुझे, पर मैं आगे ही चलू।
ना मंजिलें खोये कहीं और रास्ता आसान हो।
ये आसमान भी झुक जाए गर मंजिलों पे ध्यान हो।
अब रुक नहीं सकता मैं मेरा आखिरी ये काम है।
चल चला चल चल चला चल, ये मेरा पैगाम है।
रोशन है अब तो रास्ते, मंजिलें ना दूर है।
तेरी इस ज़िद के आगे, तो आसमां मजबूर है।
वो भी झुकेगा देखना, हर और तेरा नाम है।
तू चल चला चल चल चला चल, ये मेरा पैगाम है।
तू सख्त है तू वक़्त है तू आज का अर्जुन बना।
तेरी है मंजिल सामने, तेरे सामने सूरज ढला।
ना जाने दे इस रात को, चल अपनी राह पे चला।
तुझे जीतना है जीतना तेरा कृष्ण तेरे साथ है।

तू आगे बढ़ तो सही, तेरे हाथों में उसका हाथ है।
ना हारने देगा तुझे, विश्वास ये मन में जगा।
बढ़ता तू जा आगे, नहीं किसी बात को दिल से लगा।
ना टूटना तू फिर कहीं, आगे बढ़ने का बस काम है।
लो दिन ढला एक और फिर होने वाली शाम है।
तू चल चला चल चल चला चल, ये मेरा पैगाम है।

10. दिलों की दीवार

हर चाकू में धार नहीं होती
दिलों की कोई दीवार नहीं होती
औरों की मौत से किसी को कुछ नहीं मिलता
दूसरों की क्यारी में किसी का फूल नहीं खिलता
मिलता है जो वो गम है मिलता
आँखों को आँसू का तोहफा है मिलता
दिलों में नफ़रत की दीवार है बनती
अपनों में समाज की दरार है बनती
अपनों को फिर कोई जोड़ नहीं सकता
उस दीवार को फिर कोई तोड़ नहीं सकता
फिर मिलती है तो बस नफ़रत अपनों की
पर अपनों से मुँह कोई मोड़ नहीं सकता

11. सरहद

मैं लाल तेरा ओ माएँ मेरी
तू जाने मैं सरहद पर हूँ
ना टूटे हौसला कभी मेरा
मैं सरहद पर ही डटा रहूँ
चाहे मारे गोली सीने में
दुश्मन से ना घबराउ मैं
चाहे कितनी पलटन आ जाए
आगे ही बढ़ता जाउ मैं
चाहे मारे गोली सीने में
मुझको ना कोई ग़म होगा
जो देश की खातिर मर गया तो
मेरी माँ तुमको बड़ा गर्व होगा
मैनें छोड़ा हैं परिवार मेरा
माँ -बाप भी मैनें बिसराये
सरहद पर हूँ, पर खुश भी हूँ
तेरी याद रे माँए बहुत आए
पर ना छोड़ूँ मैं, फर्ज़ मेरा
ये आशीर्वाद तू दे देना
ना रोना मेरे मरने पर,
बस इतना साथ तू दे देना
मैनें कफ़न हैं ढाका इस सर पर
तेरा बेटा शहीद ही कहलाए

जो चला जाऊ मैं दुनियाँ से
तो बस फ़र्ज़ के नाम मेरी माँए
मैं खड़ा रहूँ, मैं डटा रहूँ
मैनें रुकना कभी भी सीखा ना
मैनें चिंता हैं ओ माँए तेरी
तेरे दूध का कर्ज भी फीका ना
पर आ ना सकूँ मैं पास तेरे
बस दूर से याद करूँ माँए
मेरे मुँह से जब भी निकले तो
निकले तेरे लिए ही दुआएँ
बापू का भी तू ख्याल रखिये
ना मेरी चिंता करना तुम
ये देश मेरा है मेरी माँ
ना कोई चिंता करना तुम
तुम खुश रहना माँ बापू रे
थारी आँख में आँसू ना आए
जो चला जाऊ मैं दुनियाँ से
तो बस फ़र्ज़ के नाम मेरी माँए

12. किस्मत

किस्मत किसी की मोहताज नहीं होती
हर धुन की सुरीली साज नहीं होती
नर्म लोगों की जबान पर गलत बात नहीं होती
हर अच्छी सुबह के बाद अच्छी रात नहीं होती
ढूँढलो चाहे जहां में कहीं भी
मिले किसमतें राहें कहीं भी
माँगो दुआ में खुदा से यहीं की
किस्मत यदि मिल जाए भली सी
राहों में हो ना कांटे हो फूल ही
पूरी हो सारी इच्छायें दिल की
पर क्या है ये संभव या नहीं
क्या हो सकता है संभव या नहीं
यदि हम चाहें तो किस्मत भी बदल सकती है
हाँ हमारे ही दम पर ये दुनियाँ चल सकती है
खुदा भी देगा साथ हमारा तब
होगी हममें मेहनत और लगन जब

13. तू और तन्हाई

माँग कर दुआओं में
देखा मैनें तुझे
सुना था खुदा
सबकी सुनता है
पर मैं मांगता रहा
दिन रात दुआओं में
कहते थे सब, खुदा को
सबकी चिंता है
ना मिला मुझको तू
मिली बस तन्हाईयाँ
रोक कर बैठा था जो आँसू
क्या वो, वो भी गिनता है
छोड़ो अब क्या बात करनी
गुजरे वक़्त की यारो
आंसुओं के मोती
क्या कोई बीनता है
इन आँसुओं से बना लू
मेरे मर्ज़ की दवा
कोई छोड़ जायेगा
नहीं अब उसकी चिंता है
लिख रहा हूँ बैठ कर
तेरे प्यार का नगमा

प्यार माँगा जाता है
ना इसे कोई छिनता है

❧❧❧

प्यार माँगा जाता है
ना इसे कोई छिनता है

14. एक परिंदा

एक परिंदा बनकर आई
इस घर में खुशियाली लाई
भूल भाल के खुद के सपने
उड़ गयी फिर पराये घर में
सोचा ना कभी अपने बारे
बोले तुम अब सब हो हारे
शादी है बस करनी तेरी
फिर जिम्मेदारी हो पूरी मेरी
पूछा ना क्या मेरे मन में
छोड़ चली सब मैं इस घर में
आखिर क्या मैं लेकर जाऊ
चुप्पी साधे बस चलती जाऊ
माँगी ना कभी धन और दौलत
छोड़ दी मैनें सारी शोहरत
चली होके जब विदा मैं जाऊ
चाहू मैं तुम्हें याद ना आऊ
आज परिंदा हूँ इस घर का
कल हो जाऊँगी उस घर का
मेरी क्या पहचान है बोलो
अब तो अपनी ये चुप्पी खोलो
रोना ना कभी सोच के ऐसा
बेटी मेरी ले गयी पैसा

पैसा ना मुझे तुमसे प्यारा
ना करना कभी खुद से न्यारा
प्यार तुम्हारा चाहा था जब
और नहीं कुछ माँगा था तब
अब बस आप इतना कर दो
सर पर मेरे हाथ ये धर दो
और दो आशीर्वाद खुशी से
जाऊ जहाँ, वहाँ रहूँ खुशी से
आऊ ना यहाँ लौट के दोबारा
लगे मुझे वो घर ही प्यारा

15. जिंदगी - एक खूबसूरत अहसास

एक खूबसूरत अहसास है ज़िंदगी

मेरे लिए कुछ खास है ज़िंदगी

रात की महफ़िल में गूंजती

शायरों की आवाज है ज़िंदगी

एक खूबसूरत नगमा है ज़िंदगी

एक हँसी ख्वाब है ज़िंदगी

एक सुरीला गीत है ज़िंदगी

कभी हार कभी जीत है ज़िंदगी

एक ठोकर के बाद संभलना है ज़िंदगी

लोगों का मौसम की तरह बदलना है ज़िंदगी

हर ठोकर पर सीख है ज़िंदगी

खैरात में मिली भीख है ज़िंदगी

मौत का पैगाम है ज़िंदगी

जीना इसी का नाम है, जिंदगी

गजलों भरी शाम है जिंदगी

तेरा मेरा नाम है जिंदगी

दिल पर लगी चोट है जिंदगी

बदलता हुआ 500 का नोट है जिंदगी

मेरी तो खुली किताब है जिंदगी

बड़ा ही खूबसूरत ख्वाब है जिंदगी

नाटकों का रंगमंच है जिंदगी
कभी खुशी कभी गम है जिंदगी
मौकों का तालाब है जिंदगी
भावनाओं का सैलाब है जिंदगी
प्रतिभाओं से भरा संसार है जिंदगी
अपनों से मिला प्यार है जिंदगी
कैसे खुद को अकेला पाऊ
जब मेरी गले - गुलजार है जिंदगी

16. दिल ही में रखना

ना कहना किसी से

ये दिल की दुहाई

है गम बेतहाशा

तो कैसी रुसवाई

है पलके झुकी सी

है लगता के रोई

हुए कितने साल

ये जैसे ना सोई

ये दिल की जो बातें है

दिल ही में रखना

इस चेहरे को अपने

मुस्कुराहट से ढकना

ना कहना किसी से

ये किस्सा जुदाई

है गम बेतहाशा

तो कैसी रुसवाई

ना कहना किसी से

ये दिल की दुहाई

17. ये मेरा वो मेरा

ये मेरा वो मेरा कहके
रात में तू सोता है
सुबह- सुबह अपने कर्मों पर
फूट - फूट कर रोता है
देखना एक दिन अपने
कर्मों का फल तू पायेगा
जिसके लिए तू रोता है
क्या साथ वो लेकर जायेगा
देखता रह जायेगा तू
देखता रह जायेगा
एक दिन इस दुनियाँ से तेरा
नाम ही मिट जायेगा
सोचता रह जायेगा तू
सोचता रह जायेगा
साथ तेरे इस दुनियाँ से
और कुछ ना जायेगा

18. मेरी मंज़िल

मैं चल चला अब ना,
मुझे मुड़ना कहीं भी हैं
मेरी मंज़िल आगे खड़ी
मुझको बुलाये हैं
क्यों हारना अब हौसला
जो मंज़िल है दिख रही
क्यों छोड़ना अब रास्ता
जब रास्ता ये हैं सही
क्या और ढूँढने बहाने
चलता चला आगे ही मैं
ना खोज और कोई करनी अब
मंज़िल मेरी बड़ी दूर है
ना रोकने से अब रुकू
ना टोकने से मैं झुकूँ
ना अब मुझे परवाह कोई
दुनियाँ बड़ी क्रूर है
अब अगर मैं रुक गया
तो जीतना है मुश्किल मेरा
जो रुक गया तो सोचना
क्यों दिल ये मजबूर है
ना रोकने से अब रुकू
ना टोकने से मैं झुकूँ

ना अब मुझे परवाह कोई
दुनियाँ बड़ी क्रूर है
ये मंजिले लगे अब प्यारी है
मेरी जीतने की बारी है
लो अब चला मैं जीतने ये गढ़
मंजिल बड़ी दूर है
मेहनत से आगे बढ़ चला
ना कोई साझेदारी है
वक़्त के जख्म बने दवा
चोट ये नासूर है
ना रोकने से अब रुकू
ना टोकने से मैं झुकूँ
ना अब मुझे परवाह कोई
दुनियाँ बड़ी क्रूर है

19. आंसुओं की धारा

आँसुओं के धारों से सागर बना लिया
किस्मत के मारों ने आसमां झुका दिया
ढोल बजा बजा के सबको बता दिया
जो करना था वो करके दिखा दिया
अपने आप को ऊँचा उठा दिया
अपनी इस जीत से है रोशन शमा किया
आज तो आसमां पर घर भी बना लिया
सितारों से अपनी किस्मत को सजा लिया
अंधेरे में उन्होंने उजाला है किया
जहर को जिन्होंने है रो रोकर था पीया
आज असली मुकाम को उन्होनें पा लिया
आँसुओं के धारों से सागर बना लिया
किस्मत के मारों ने आसमां झुका दिया

20. कह तो दिया होता

कह तो दिया होता
तुम यूँ ही परेशान हो
कह तो दिया होता
तुम मेरी जान हो
कह तो दिया होता
कि मैं नाराज नहीं हूँ
कह तो दिया होता
मैं खुशमिजाज नहीं हूँ
कह तो दिया होता
कि मैं तुम्हें समझता हूँ
कह तो दिया होता
तुम्हारी आँखों को पढ़ता हूँ
कह तो दिया होता
कि तुम मेरी खुशी हो
कह तो दिया होता
कि तुम ही मेरी ज़िंदगी हो
कह तो दिया होता कभी
तुमने ये सब मुझसे
तो शायद आज मैं
ना होती खफा खुदसे

21. शमशान

एक राख है शमशान की
और क्या इसकी पहचान है
है तन तेरा मिट्टी ही तो
फिर क्यों तुझे अभिमान है
मिट्टी है ये, ना मोह कर
फिर क्यों रहे मृत्यु से डर
पाषाण है मूरत तेरी
ना और कुछ सूरत तेरी
तो क्यों फिरे ये बोलता
सुंदरता से मन तोलता
मन है अगर सुंदर तो
ये मिट्टी भी सुंदर लगे
है मन अगर काला तो
सृजन भी ना सुंदर लगे
क्या ढकना इस पाषाण को
वस्त्रो की सुंदरता से यूँ भले
मिट्टी जो है मिट्टी रहे
और अंत में मिट्टी में मिले
हैं मिट्टी का अब मोल क्या
जो वन की सीमा में मिले
जो मिट्टी मिले कुम्हार के
तो मिल जाये वहीं मोल में

है तन की ये सादगी
है मन भी ये सादा बड़ा
अनमोल है हीरा कोई
जो सोने के दर्पण में जड़ा
पर याद रख मिट्टी ही हैं
जिस पर है जीवन टिका
ये सब है मिट्टी से बना
मिट्टी की चादर से ढका
मिट्टी बड़ी अनमोल है
ना मोल तू इसका लगा
पहचान ले इस मिट्टी की कीमत
ना भाव कोड़ी में लगा

22. देख ऐ इंसान तेरी हालत

देख ऐ इंसान के तेरी
हालत भी क्या हो गयी
छोड़ कर खुद्दारी तेरी
ज़िंदगी भी खो गयी
ना अब है कोई अंतर
तू बन गया है जानवर
तू मारता है धोखे से
अपनों को रखता धोखे में
तू तो बस करता ही जाता
है कई ढकोसले
एक जानवर तो कम से कम बनाता
है खुद अपने घोसलें
तू तो दौलत की चमक में
बावरा - सा हो गया
भूल कर अपनों को
खुद में ही कहीं तू खो गया
प्यासा अगर कोई तेरे
आगे से निकला जा रहा
पानी की ना पूछकर तू भी
खूब धर्म निभा रहा

ये आज का कलयुग भी
क्या युग है लेकर आ गया
भाई ही अपने भाई को
अब तो है भुला गया
काटने भी पड़ जाए
गले अगर परिवार के
रुकता नहीं प्रयोग करता
औजार तू हर धार के

23. मैं मिट्टी की गुड़ियाँ हूँ

मैं मिट्टी की गुड़ियाँ हूँ
एक अहसास से बनी हुई
मिट्टी एक खास से बनी हुई
प्यार से मुझको ढाला है
इस सांचे में डाला है
हाँ मैं खुशियों की पुड़ियाँ हूँ
हाँ, मैं मिट्टी की गुड़िया हूँ
एक नकली मुस्कुराहट भी दी
सुंदर एक सजावट भी दी
दूर से दिखती है जो
अनमोल है पर बिकती है जो
मैं ऐसी ही एक गुड़िया हूँ
हाँ, मैं मिट्टी की गुड़िया हूँ
नाजुक बड़ी मैं हूँ मगर
मिलती हूँ मैं हर एक डगर
लोगों की भीड़ रहती खड़ी
देखे मुझे वो हर घड़ी
उन्हें दूर से लगती मैं बढ़िया हूँ
हाँ, मैं मिट्टी की गुड़ियाँ हूँ

मैं दर्द अपना किससे कहूँ
मैं मन ही मन रोती रहूँ
क्या हाल है कोई पूछे ना
मेरे आँसू भी कोई पूछे ना
मैं तो एक बेजान सी गुड़ियाँ हूँ
हाँ, मैं मिट्टी की गुड़िया हूँ
मेरा घर आंगन है नहीं कहीं
ना ही पहचान है मेरी कोई
मैं जिस घर जाऊ वो दे मुझे नाम
वो ही बताये मुझे मेरा काम
मैं एक अंजानी गुड़ियाँ हूँ
हाँ, मैं मिट्टी की गुड़ियाँ हूँ
ना साथी है ना अपने है
बस थोड़े जर - जर सपने है
ना मेरी कोई उड़ान हुई
ना ही कोई अरमान है
मैं बिना पंख की चिड़ियाँ हूँ
हाँ, मैं मिट्टी की एक गुड़ियाँ हूँ

24. है रात बड़ी घंघोर

है रात बड़ी घंघोर ये

है चारों तरफ ही शोर ये

मारो - काटों ना छोड़ना

एक - एक के घर को तोड़ना

ना जाने कब तक ये मंजर होगा

और कौन - कौन बेघर होगा

नई सुबह कभी तो आयेगी

ये रात गुजर ही जायेगी

हर आँखों में डर दिखता है

देखो ईमान यहाँ बिकता है

ना दया है ना दयावान है

बस मरे हुए इंसान है

ना जाने कब वो रुत आयेगी

जब घर में खुशियाली छायेगी

खुशियों के पल फिर लायेगी

ये रात गुजर ही जायेगी

मरी इंसानियत, मरी असलियत

मरा हुआ ही मान है

झूठ से चेहरे ढके हुए है

हर गली में शमशान है

है लाश बने जिंदा लोग भी

ना दिखता किसी का शोक भी

क्या मेरी सुबह कभी मुस्कुरायेंगी
ये रात गुजर ही जायेगी
ना होगा डर जब जीने का
मर - मर के आँसू पीने
जब ना होगा अत्याचार ये
सिर पर लटकी तलवार ये
हर बच्चे खेलने जायेंगे
चिड़ियाँ जैसे ये आँगन चहकायेंगे
खुशियाँ फिर से लौट आयेगी
ये रात गुजर ही जायेगी
ना होगा डर पकड़े जाने का
किसी चंगुल में फंस जाने का
चारों ओर उजियाला छायेगा
खुशियों का मौसम आयेगा
ना बम होंगें ना विस्फोट होगा
ना ही नियत में खोट होगा
ये दुनियाँ संभल भी जायेगी
ये रात गुजर ही जायेगी

25. नारी बड़ी सशक्त है

नारी बड़ी सशक्त है
नारी की विपदा बड़ी घोर
दुश्मन जैसे हो हर ओर
खुद को साबित करना होता
सारी जिंदगी मरना होता
फिर भी नारी का वक़्त है
नारी बड़ी सशक्त है
नारी के हिस्से आँसू आये
नारी अपनी जिम्मेदारी निभाए
ना नारी का होता कोई सपना
बस चूल्हा चोखा और है घर अपना
फिर भी नारी बड़ी सख्त है
हाँ नारी बड़ी सशक्त है
पर कुछ ऐसी नारी भी है
जो दुनिया पर भारी भी है
समाज को कदमों पर रखके
करती है काम समाज के हक के
ऐसी नारी का ही ये वक़्त है
हाँ नारी बड़ी सशक्त है
अब ना घूँघट की आड़ करे हम
इज़्ज़त और सम्मान करे हम
ना किसी के दिल को चोट पहुँचाए

हम तो आगे ही बढ़ते जाए
ये ही अपना संकल्प इस वक़्त है
हाँ नारी बड़ी सशक्त है

हम तो आगे ही बढ़ते जाए
ये ही अपना संकल्प इस वक़्त है
हाँ नारी बड़ी सशक्त है

26. इंतज़ार बेहिसाब-सा

इंतज़ार बेहिसाब - सा
करते रहे हम रोज
लगता है जैसे ख्वाब - सा
निकले करी कुछ खोज
ना राग है ना साज है
ये जिंदगी नाराज है
कुछ बोल भी पाए ना अभी
जैसे खो गयी आवाज है
वो रूठ कर बैठे है यूँ
कि चुप रहे आखिर तुम क्यों
जब जिंदगी पुकारती थी
तो खो गए थे कहीं तुम क्यों
ये बेरंगी शाम है
हाथों में एक जाम है
कि सोचते है आज फिर
मिल गया आराम है
पर जब मैं जागा ख्वाब से
तो मिल गया फिर काम है
कि खोज चलती है अभी
जैसे छुपा कोई राज है
ना राग है ना साज है
ये जिंदगी नाराज है

बैठे है तट पर गंगा के
बहती है धारा तीर - सी
जाने कहाँ गुम है अभी
जिंदगी लगे जंजीर - सी
ये जंजीरे जो तोड़ दे
घूँट आँसू का पीना छोड़ दे
तो जिंदगी दिलसाज हो
जैसे कोई सुरमयी आवाज हो
ना राग है ना साज है
ये जिंदगी नाराज है
जीना इसी का नाम है
गम में भी अब आराम है

27. बचपन

वो खेल खिलौने प्यारे प्यारे

आते है हमको याद हमारे

कहाँ गए वो दिन मस्ती के

वो दोस्त प्यारे से बस्ती के

ना चिंता थी ना कोई थी फिक्र

खुशी मिले जब हो बचपन का जिक्र

बचपन के वो सारे स्यापे

रोना धोना और किताबें

माँ से पैसा माँग के जाते

चार चवन्नी घर फिर लाते

उनसे भी खुशी मिले कुछ ऐसी

लगती जन्नत की खुशियों जैसी

बचपन में वो झगड़ा करना

भाई का हाथ पकड़ कर चलना

पापा के कंधो के ऊपर

मिल जाता था रोलर कोस्टर

माँ का हाथों से खाना खिलाना

मिल जाता जैसे सारा जमाना

ममता के आँचल के अंदर

मिले प्यार भरा समंदर

उस आँचल की छाव है ऐसी

शांति की सुखद हवा हो जैसी

बचपन कभी ना मिले दोबारा
जी लो इसको खुलकर यारा
ऐसे भी कई बच्चे है जहां में
बचपन जिनके उड़ गए हवा में
बाल मजदूरी करते है वो
ऐसे अपना पेट भरते है वो
स्कूल जाने को मिले ना इनको
अपनी व्यथा ये कहे भी किसको
गरीबी में जीवन है बिताए
जैसा भी इन्हें मिले ये खाये
कभी कभी आँसू भी बहाये
पर मेहनत करते ही जाए
जब भी सामने ग्राहक आये
फिर ये मुस्कुरा के दाम बताये
साहब ये टोकरी ले लो
रखो चाहे इससे खेलो
मजबूत बड़ी है गारंटी है
5 दिन की वारंटी है
अगर ये टूटे या कट जाए
मेरे पास चाहे वापस लाये
नई मैं टोकरी दे दूँगा
और सस्ते में दे दूँगा
जोर जोर से आवाज लगाए
फिर भी खुदा क्यों सुनना पाए
जब देखें बच्चों को स्कूल जाते
आँखों में उनके आँसू आते

बचपन हमको क्यों दिया है ऐसा
ना है घर ना ही है पैसा
ना हम स्कूल ही जा पाते है
क्यों भगवान हम ये सजा पाते है
रो रो कर बस ये चाहते है
अपनी व्यथा हम बतलाते है
बचपन हमारा बीत रहा जैसा
भगवान ना देना किसी को बचपन ऐसा

28. मंदिर

मंदिर की सीढ़ी पर मैनें
देखा एक भिखारी को बैठे
जिससे मांगे वो ही बोले
आडम्बर से पैसे ऐठे
वो भिखारी बैठा मांग रहा
जरा दे दो मुझको कुछ खाने को
पर मेरी दादी बोल रही
मेरे पास जो है वो है चढ़ाने को
भगवान के मंदिर में जाए
जरा बोल तुझे क्या दे सकते
है थाल में पूजन सामग्री
ना जेब में हम पैसे रखते
जाते है पूजा करने को
पैसे का बोलो क्या काम है
मुख से श्री हरि जपती हूँ
दिल में भी श्री हरि नाम है
भगवान के मंदिर में आके
अहसास मुझे भी हो गया
इंसानियत और प्रेम जीवन से
मनुष्य के कहीं खो गया
बस प्यार है खुद से लोगों को
मतलब का ही व्यवहार रहा

ना बड़ों के खातिर इज़्ज़त है
ना छोटों के लिए मन मे प्यार रहा

29. बेटी और माँ

एक बेटी अपनी माँ को अंतिम साँस लेते देखकर कहती है
ऐ माँ मेरी मुझको बता
क्यों दूर मुझसे जा रही
क्या है गुनाह मुझसे हुआ
क्यों ना मुझे तू बता रही
बचपन से देखा है तुझे
कितने ही दुःख सहते हुए
जलते हुए कड़ी धूप में
पर प्यार से कहते हुए
ना डर मेरी है जान तू
मैं हूँ तो डर किस बात का
आजा मेरे लग जा गले
वादा हूँ करती तेरे साथ का
ना लगता था डर तब मुझे
होठों पर थी मुस्कान भी
पर अब लगे के जिस्म से
जैसे निकलती जान भी
ना जा तू मुझको छोड़ कर
के मैं नहीं रह पाऊँगी
तू ही तो है जो समझे मुझे
अब क्या किसे समझाऊँगी
तू ही मेरा भगवान है

तेरी ही इबादत मैंने की
अब भूल जा वक़्त वो
जब जब शरारत मैंने की
आ लौट के आजा, गले से
फिर मुझे लगा ले तू,
बस चाहूं मैं ऐ माँ मेरी
उसी प्यार से मुझे अब पाले तू
तेरे बिना जीना नहीं
जीना है ये किस काम का
अब तो जलाई आरज़ू
इंतज़ार है उस शाम का
जब आ के मुझको भी कहीं
दूर तू ले जायेगी
पर जानती हूँ ऐ माँ मेरी
तू लौट के ना आयेगी

30. ये हालात जान सकता नहीं

ऐ शाम के मंजर तू ये हालात जान सकता नहीं

के दर्द कितना है जुबान पर ये बात जान सकता नहीं

खोल रखा है मैनें दिल को उसके सामने

फिर भी वो कहता है के दिल की बात जान सकता नहीं

के रहगुजर वो रात भर बैठा नशे में डूबा हुआ

और आज आकर कह रहा तू किस गली था छुपा हुआ

मैं सामने बैठा था पूरी रात उसको देखता

फिर भी नजर झुका के कहता मेरे जज़्बात जान सकता
नहीं

जानता तो वो भी है, कि प्यार उससे है मुझे

पर प्यार कितना हो गया, वो ये बात जानता सकता नहीं

ऐ शाम के मंजर तू ये हालात जान सकता नहीं

के दर्द कितना है जुबान पर ये बात जान सकता नहीं

है जख्म इतना गहरा के ये जख्म भरता ही नहीं

मैं प्यार करता हूँ मगर वो प्यार करता ही नहीं

के गम भी अब तो मुझसे है रूठ कर बैठा हुआ

कहता हैं मेरे दिल के गम को तू कभी जान सकता नहीं

के दर्द ये कितना है गहरा देख तो सकता है पर

इस दर्द की गहराई का तू माप जान सकता नहीं

ऐ शाम के मंजर तू ये हालात जान सकता नहीं

के दर्द कितना है जुबान पर ये बात जान सकता नहीं

ओस की बूँदे जो पत्तों पे है ठहरी कह रही
ये आंसू है जो पतझड़ के आने से मिले है इनाम में
है गैर की बाहों में बैठा जो नशे में कह रहा
ये दर्द आंसू से जो टपके है मिले है जाम में
है ना कोई ख्वाहिश के अब
ये अल्फ़ाज़ जान सकता नहीं
कि क्या मोहब्बत पाक है
तू ये राज जान सकता नहीं
इस आँख के आँसू का पानी तो तुझको दिख गया
पर उसके अंदर के सागर की गहराई जान सकता नहीं
ऐ शाम के मंजर तू ये हालात जान सकता नहीं
के दर्द कितना है जुबान पर ये बात जान सकता नहीं
ऐ शाम के मंजर तू ये हालात जान सकता नहीं
के दर्द कितना है जुबान पर ये बात जान सकता नहीं
खोल रखा है मैनें दिल को उसके सामने
फिर भी वो कहता है के दिल की बात जान सकता नहीं

* 9 7 9 8 8 8 7 4 9 2 3 1 5 *